Anonym

Die Problematik der Sterbehilfe

GRIN Verlag

Bibliografische Information der Deutschen Nationalbibliothek:

Die Deutsche Bibliothek verzeichnet diese Publikation in der Deutschen National-
bibliografie; detaillierte bibliografische Daten sind im Internet über http://dnb.d-
nb.de/ abrufbar.

Impressum:

Copyright © 2008 GRIN Verlag GmbH
Druck und Bindung: Books on Demand GmbH, Norderstedt Germany
ISBN: 978-3-640-88608-1

Dieses Buch bei GRIN:

http://www.grin.com/de/e-book/92880/die-problematik-der-sterbehilfe

Die Problematik der Sterbehilfe

Hausarbeit für die akademische Teilprüfung im Modul 2

Fach:	Evangelische Theologie
Seminar:	Einführung in die theologische Ethik

Inhaltsverzeichnis

1. Einleitung

Sterben ist ein Thema das in unserer Gesellschaft oft beiseite geschoben wird. Man spricht nicht gern darüber. Das kann man im Alltag erfahren und in etlichen Abhandlungen nachlesen. Der Tod ist eine heikle Angelegenheit und kaum jemand spricht gerne darüber, da man dabei an die eigene Sterblichkeit und an den möglichen Tod geliebter Menschen erinnert wird. Dadurch wird das Problem der Sterbehilfe nicht gerade erleichtert. Doch durch den immer weiter zunehmenden medizinischen Fortschritt und die gestiegene Lebenserwartung ist eine umfangreichere Debatte unbedingt notwendig. Darf ein Mensch selbst bestimmen wann er stirbt? Kann man von medizinischem Personal erwarten, dass sie eine Tötung durchführen? Darf der Mensch über sein eigenes von Gott geschenktes Leben oder über das Leben eines anderen Menschen in irgendeiner Form verfügen? Wenn ja, wer entscheidet für Patienten, die das Bewusstsein verloren haben? Wo ist die Grenze zu setzen? Dies und noch viele weitere, sind die Fragen, welche zu klären sind.

Wie diffizil das Thema Sterbehilfe ist, macht auf besondere Art und Weise die politische Debatte im Europarat deutlich.

Konnte 1999 noch eine einheitliche Empfehlung ("Protection of Human Rights and Dignity of the Terminally III and the Dying"[1]) vereinbart werden, in der man sich auf ein allgemeines Verbot der aktiven Sterbehilfe und weitgehende Forderungen bei der palliativen (schmerzlindernden) Betreuung verständigte, so gelangte man mit der Einführung der Regelungen in den Niederlanden und in Belgien 2002 (Legalisierung der aktiven Sterbehilfe) und durch eine Initiative des Schweizer Parlamentariers Dick Marty von 2003, der Straffreiheit in gewissen Fällen der Tötung forderte, in eine Sackgasse.[2]

---

[1] Zimmermann – Acklin, Markus, Menschenwürdig sterben? Theologisch - ethische Überlegungen zur Sterbehilfsdiskussion, in: Martin, Ebner/ Irmtraud Fischer (Hgg.), Jahrbuch für biblische Theologie. Leben trotz Tod, S. 374
[2] Vgl. Zimmermann – Acklin, Markus, Menschenwürdig sterben? Theologisch - ethische Überlegungen zur Sterbehilfsdiskussion, in: Martin, Ebner/ Irmtraud Fischer (Hgg.), Jahrbuch für biblische Theologie. Leben trotz Tod, S. 374

2.   Formen von Sterbehilfe

Direkte aktive Sterbehilfe ist die willentliche Tötung eines unheilbar Kranken durch eine aktive Handlung.

Passive Sterbehilfe ist der Verzicht auf lebenserhaltenden Maßnahmen, insbesondere auf Wiederherstellung und Aufrechterhaltung des Lebens.

Indirekt aktive Sterbehilfe wird der Einsatz von Mitteln zur Leidenslinderung (palliative Behandlung), welche als Nebenwirkung die Überlebensdauer herabsetzen können, bezeichnet. [3]

3.   Kurzer geschichtlicher Abriss der Euthanasie-Frage

Die Frage nach Tötung „unwerten" Lebens findet sich schon im alten Griechenland. Philosophen beschäftigten sich damals mit der Tötung „lebensuntauglicher" Kinder. So sprach sich Platon beispielsweise dafür aus, solche Neugeborene nach der Geburt auszusetzen. Auch in Rom waren ähnliche Einstellungen zu vorzufinden. Seneca (ein römischer Philosoph und Erzieher des Kaisers Nero im 4. Jahrhundert vor Christi Geburt[4]) sprach sich für die Einleitung des Todes bei unter Qualen leidenden Sterbenden aus.

Durch die Verbreitung des Christentums wurde derlei Gedankengut zurückgedrängt, da man sich an von Gott gegebenem Leben nicht vergreifen wollte. Während der Aufklärung verlor diese Vorstellung aber zunehmend an Bedeutung und die Stimmen der Befürworter wurden immer lauter. Von ausschlaggebender Bedeutung für die Euthanasie Bewegung in Deutschland war ein 1920 erschienenes schriftliches Werk von Alfred Hoche und Karl Binding „Die Freigabe der Vernichtung lebensunwerten Lebens". Die Praxis der Euthanasie im darauffolgenden Dritten Reich ist hinlänglich bekannt. Nach der Nazi-Zeit, ausgelöst durch die schrecklichen Ereignisse, sprach man in Deutschland vorerst nicht mehr über Euthanasie. Im Gegensatz zu England dessen 1935 gegründete Gesellschaft für freiwilliges Sterben bald zur Nachahmung in anderen Staaten, wie der Schweiz („Exit") und den Vereinigten Staaten („Hemlock

---

[3] Vgl. Thela Wernstedt/ Dietrich Kettler, Sterbehilfe in Europa: Begriffe, Richtlinien und Rechtsprechung im Vergleich, in: A. Frewer/ R. Winau (Hgg.), Grundkurs Ethik in der Medizin. Ethische Kontroversen am Ende des menschlichen Lebens, Verlag Palm & Enke, Erlangen und Jena, 2002, S.37
[4] Vgl. Wikipedia, Seneca, Zugriff am 29.08.07 unter: http://de.wikipedia.org/wiki/Seneca, November 2006

Society") führte. Auch in Deutschland entstand eine Euthanasie–Gesellschaft ("Deutsche Gesellschaft für humanes Sterben"). Mit dem Verblassen der Erfahrungen aus Krieg und Nationalsozialismus vollzog sich anscheinend langsam ein Gesinnungswandel. Die Durchführung von Meinungsumfragen des Allensbacher Institutes belegt dies. So sprachen sich 1973/74 52% der Befragten dafür aus, die "Tötung auf Wunsch" durch den Arzt zu erlauben. 1994 befürworteten bei einer Umfrage der Gesellschaft für humanes Sterben gar fast 80% die Tötung auf Wunsch. Allerdings ist bei den Befragungen wohl zu beachten, dass die Kenntnis über die Möglichkeiten der palliativen Betreuung größtenteils fehlte und außerdem Antworten relativ unreflektiert, ohne sich in die Lage eines Sterbenden wirklich hineinzuversetzen, gegeben wurden. Anzufügen ist auch, dass sich eine zunehmende Angst über die neuen Möglichkeiten der Medizin zur Lebenserhaltung, die zum Teil keinen Platz für würdevolles Sterben zulässt, verbreitet hat. Die Umfragen veranschaulichen aus diesen Gründen zwar die Veränderung im Meinungsbild der Bevölkerung, sollten aber nicht überbewertet werden.[5]

4.   Sterbehilfe in Europa

Wie oben schon deutlich wurde ist die Sterbehilfe innerhalb Europas unterschiedlich geregelt. Die aktive Sterbehilfe ist außer in Belgien und den Niederlanden überall in Europa strafbar, wird sogar mancherorts mit Mord gleichgesetzt. Die indirekte Sterbehilfe ist in allen Mitgliedstaaten prinzipiell erlaubt, ist aber oft an gewisse Bedingungen wie Willensäußerung oder eine valide Patientenverfügung gebunden, oder rechtlich nicht festgelegt (was wiederum verdeutlicht, welch Gesprächsbedarf noch besteht). In den Niederlanden wird die indirekte Sterbehilfe als natürlicher Tod gewertet. Bei der passiven Sterbehilfe sieht es ähnlich aus.[6] Allen europäischen Ländern ist das Tötungsverbot (Ausnahmen: die Niederlande und Belgien) gemein. Die Entscheidungen am Lebensende betreffen das Strafrecht im Bereich der Definition von Tötungsdelikten. In allen europäischen Staaten gilt das "Recht auf Leben". Sterbehilfe unterliegt also auch entsprechenden Sanktionen, allerdings ist

[5] Vgl. Lutterotti, Markus, Sterbehilfe: Gebot der Menschlichkeit?, Patmos Verlag GmbH & Co.KG, Düsseldorf, 2002, S.10 ff
[6] Vgl. Deutsche Hospiz Stiftung, Rechtslage zur Sterbehilfe in Europa, Zugriff am 17.06.07 unter: http://www.hospize.de/ftp/tabelle_sterbehilfe.pdf, April,.2003

die Tötung auf Wunsch ein Sonderfall und wird beispielsweise in der Schweiz und in Deutschland als „Tötung auf Verlangen" umschrieben, was eine Straflinderung zur Folge hat.[7]

4.1   Sterbehilfe in den Niederlanden

In den Niederlanden verwendet man den Begriff Euthanasie für die Sterbehilfe, allerdings nur für die aktive Sterbehilfe. Auf die Einteilung in aktiv, passiv und indirekt wird verzichtet. Am 10. April 2001 wurde die Niederlande weltweit das erste Land, welches die aktive Sterbehilfe offiziell erlaubte. Allerdings entschloss man sich dazu im Gesetz Voraussetzungen zu beschreiben, die als Bedingungen für eine straffreie Sterbehilfe gelten. Sind diese Voraussetzungen nicht gegeben, ist die Sterbehilfe weiterhin strafbar. Der Patient muss nach Meinung des Arztes unheilbar krank sein oder unerträglich leiden, um die Beihilfe zum Suizid oder den Vollzug von aktiver Sterbehilfe zu rechtfertigen. Des Weiteren muss der Patient seinen Wunsch zu sterben schriftlich niedergelegt und zuvor schon mehrfach geäußert haben. (Sollte der Patient nun irreversibel das Bewusstsein verlieren oder aus anderen Gründen nicht mehr in der Lage sein sich mitzuteilen, kann jetzt auch eine aktive Sterbehilfe ohne Folgen durchgeführt werden). Während der Tötung des Patienten ist es Vorschrift, dass ein zweiter Arzt, welcher speziell für die Euthanasie ausgebildet wurde, zugegen ist. Nachdem die Tötung vollzogen wurde, muss eine regionale Ethikkommission informiert werden, die überprüft, ob alles seinen „gerechten" Gang genommen hat. Die Kommission besteht aus mindestens einem Arzt, einem Ethikexperten und einem Juristen.[8]

---

[7] Vgl. Thela Wernstedt/ Dietrich Kettler, Sterbehilfe in Europa: Begriffe, Richtlinien und Rechtsprechung im Vergleich, in: A. Frewer/ R. Winau (Hgg.), Grundkurs Ethik in der Medizin. Ethische Kontroversen am Ende des menschlichen Lebens, Verlag Palm & Enke, Erlangen und Jena, 2002, S.45f

[8] Vgl. Thela Wernstedt/ Dietrich Kettler, Sterbehilfe in Europa: Begriffe, Richtlinien und Rechtsprechung im Vergleich, in: A. Frewer/ R. Winau (Hgg.), Grundkurs Ethik in der Medizin. Ethische Kontroversen am Ende des menschlichen Lebens, Verlag Palm & Enke, Erlangen und Jena, 2002, S.40f

4.2 Sterbehilfe in Deutschland

Aufgrund seiner Vergangenheit ist der Begriff der „Euthanasie" in Deutschland verpönt, weshalb ausschließlich von „Sterbehilfe" die Rede ist.

In Deutschland wird die Sterbhilfe der gängigen Praxis nach in direkte, passive und indirekte Sterbehilfe unterteilt. Die aktive Sterbehilfe ist in Deutschland verboten. Jedoch gibt es keine gesetzliche Regelung zur Sterbehilfe. Die Sterbehilfe ist in die Systematik der Tötungsdelikte im Strafgesetzbuch geregelt.[9] Diese nichteindeutige gesetzliche Regelung führte in Deutschland dazu, dass gerichtliche Entscheidungen, also Urteile bei denen bestimmte Fälle der Sterbhilfe verhandelt wurden, eine besondere Bedeutung für die weitere Rechtssprechung und auch für die Ärzte erlangten.[10]

5.   Grundsätze der Bundesärztekammer

Ärzte sind zur Lebenserhaltung verpflichtet, allerdings nicht unter allen Umständen. Nach Ansicht der Bundesärztekammer gibt es Situationen in denen statt Lebenserhaltung eine Begrenzung der lebenserhaltenden Maßnahmen geboten ist. In diesem Fall ist es nötig auf die palliativ-medizinische Versorgung umzustellen. Die Art und der Umfang der Behandlung obliegen der Verantwortung des Arztes, wobei er sich mit ärztlichen und pflegenden Mitarbeitern beraten soll. Die direkte Sterbehilfe ist nicht erlaubt und kann mit Strafe geahndet werden, ebenso wie die Beihilfe zum Selbstmord. Die Grundsätze sind zur Orientierung vorgesehen und können dem Arzt Entscheidungen in der jeweiligen Situation nicht abnehmen. Sterbende Patienten sollen durch die Ärzte palliativ und mit Beistand betreut werden, um ein würdevolles Sterben zu gewährleisten. Lebensverlängernde Maßnahmen können mit Zustimmung des Patienten unterlassen, bzw. abgebrochen werden, wenn keine Aussicht auf Heilung besteht. Patienten mit infauster Prognose, also Patienten bei denen der

---

[9] Vgl. Thela Wernstedt/ Dietrich Kettler, Sterbehilfe in Europa: Begriffe, Richtlinien und Rechtsprechung im Vergleich, in: A. Frewer/ R. Winau (Hgg.), Grundkurs Ethik in der Medizin. Ethische Kontroversen am Ende des menschlichen Lebens, Verlag Palm & Enke, Erlangen und Jena, 2002, S.37

[10] Vgl. Menschenwürdiges Sterben, Bedeutsame Fälle zur aktiven Sterbehilfe in Deutschland seit 1980, Zugriff am 17.06.07 unter http://www.schule-bw.de/schularten/berufliche_schulen/berufsschule/hls_berufe/sozialpaed /bedeutsame_faelle.html

Verlauf der Krankheit als sehr ungünstig prognostiziert wird, bilden eine weitere Besonderheit. Hier kann der Grundsatz der Lebenserhaltung ausgesetzt werden, wenn die Krankheit weit fortgeschritten ist und lebenserhaltende Maßnahmen nur weitere Leiden für den Patienten bedeuten würde. Die Entscheidung ist auch hier an den Willen des Patienten gebunden. Bei Patienten die schwer krank sind und deren Prognose schlecht ausfällt, bei denen aber die Krankheit nicht mit Sicherheit zum Tod führt, darf das Ziel der Behandlung nicht auf Sterbehilfe revidiert werden. Es sei denn es fallen weitere vitale Organfunktionen aus. So kann in der konkreten Situation auf den Einsatz von technischen Hilfsmitteln verzichtet werden. Solche Entscheidungen unterliegen aber ebenso dem Willen des Patienten. Sollte dieser nicht bei Bewusstsein sein, ist die Befragung eines Betreuers von Nöten, um den Willen des Patienten zu ermitteln. Als Wille eines Patienten gelten aktuelle Äußerungen. Sollte der Patient nicht einwilligungsfähig sein, gilt die Entscheidung des gesetzlichen Vertreters. Tut sich dem behandelnden Arzt die Vermutung auf, dass bei der Entscheidung des gesetzlichen Vertreters ein Missbrauch oder eine offensichtliche Fehlentscheidung vorliegt, muss sich der Arzt an das Vormundschaftsgericht wenden. Sollte der Patient nicht in der Lage sein seinen Willen zu äußern, und sollte es ebenfalls nicht möglich sein eine Erklärung gesetzlicher Vertreter einzuholen, so muss der Arzt versuchen nach dem mutmaßlichen Willen des Patienten zu handeln. Dabei stehen frühere Erklärungen des Patienten im Vordergrund. Weitere Anhaltspunkte können Lebenseinstellung, Religiosität usw. sein. Sollte der Fall eintreten, dass kein mutmaßlicher Wille abgeleitet werden kann, soll nach den ärztlich indizierten Maßnahmen gehandelt werden.[11]

Wie bereits schon erwähnt ist die Sterbehilfe im deutschen Gesetz noch nicht explizit geregelt, sondern fällt unter die Systematik der Tötungsdelikte im Strafgesetzbuch. Doch einige Fälle in der jüngeren Vergangenheit haben gezeigt, wie schwierig es für Gerichte ist, Entscheidungen über Leben und Tod zu treffen, wenn beispielsweise ein Angehöriger eines Patienten vehement die Einstellung lebenserhaltender Maßnahmen fordert, das Pflegepersonal sich aber weigert und sich entschieden gegen dieses Vorhaben stellt.

---

[11] Vgl. A. Frewer/ R. Winau (Hgg.), Grundkurs Ethik in der Medizin. Ethische Kontroversen am Ende des menschlichen Lebens, Verlag Palm & Enke, Erlangen und Jena, 2002, S.207ff

6. Argumente der Befürworter und Gegner

6.1 Befürworter

Menschen die sich für die aktive willentliche Sterbehilfe aussprechen, führen folgende Gründe für ihr Votum auf:

> ➤ jeder Mensch soll den Zeitpunkt seines Todes selbst bestimmen können (Begründung durch Selbstbestimmungsrecht des Menschen).
> ➤ will ein Mensch nicht mehr leben, hat er das Interesse am Leben verloren, so muss dieser Entschluss akzeptiert werden.
> ➤ manche Zustände von Schmerzen und Leiden können ein Leben menschenunwürdig und damit auch nicht mehr lebenswert machen.

Diese Argumente sprechen für mehr Autonomie der Betroffenen und für das Recht der Selbstbestimmung. In die gleiche Richtung geht auch die Meinung von Hans Küng. Der Theologe plädiert für die aktive Sterbehilfe auf Verlangen. Da der Mensch von Gott die Verantwortung für den Anfang des Lebens bekommen hat, trägt er sie konsequenterweise auch für das Ende.[12]

Ein weiteres Beispiel ist die Philosophie des Utilitarismus. Im Utilitarismus spricht man sich ebenfalls für derlei Ansichten aus. Bekannt wurde der Utilitarismus vorwiegend durch den australischen Philosophen Peter Singer und dessen Mitarbeiterin Helga Kuhlse. Der Utilitarismus hat hauptsächlich im englischsprachigen Raum große Resonanz gefunden und lohnt einer kurzen Betrachtung.[13] Die Utilitaristen gehen weiter als die aktive Sterbehilfe auf Verlangen. Sie sehen unter gewissen Umständen auch eine nicht willentlich geäußerte Sterbehilfe als sinnvoll und durchführbar an.

Den Utilitaristen geht es um die Wirkung von Handlungen. Sie fragen grundsätzlich danach welchen Nutzen eine Handlung für den Betroffenen bzw. für möglichst viele Betroffene, unter rationaler, wissenschaftlicher Betrachtung hat. Dabei ist für die Utilitaristen politische und religiöse Argumentation nicht von Belang. Eine einzelne

---

[12] Vgl. Lutterotti, Markus, Sterbehilfe: Gebot der Menschlichkeit?, Patmos Verlag GmbH & Co.KG, Düsseldorf, 2002, S.15f
[13] Vgl. Lutterotti, Markus, Sterbehilfe: Gebot der Menschlichkeit?, Patmos Verlag GmbH & Co.KG, Düsseldorf, 2002, S.17

Handlung ist richtig, wenn sie ebensoviel oder mehr Glück für alle Betroffenen hervorbringt, als jede andere Handlung. Der Utilitarismus hat sich mit der Zeit ausdifferenziert, auf die verschiedenen Richtungen soll hier aber nicht weiter eingegangen werden.

Peter Singer spricht sich im Namen des Utilitarismus dafür aus, Menschen ihre Autonomie zu überlassen. Hat nun ein leidender Mensch den Wunsch zu sterben, dann sollte ihm dieser Wunsch im Sinne seiner Autonomie gewährt werden. Folglich ist auch die aktive Sterbehilfe legitim.[14]

Des Weiteren lohnt auch der Begriff der „Person" und der „Lebensqualität" im Utilitarismus der Betrachtung. Der Personenbegriff, auf den sich zwar nicht alle Utilitaristen einlassen, ist durch James Lock (1632 - 1704) geprägt. Lock war der Erste, der „Mensch" und „Person" unterschied. Person ist für ihn nur, wer gewissen Bedingungen entspricht. Eine Person ergibt sich aus gewissen Kombinationen, wie beispielsweise die Kombination von Bewusstsein und Erinnerung. So kann ein Mensch nur für Handlungen zur Rechenschaft gezogen werden, an die er sich erinnert. Ob jemand eine Person ist, hängt also mit gewissen Eigenschaften und Attributen zusammen und wird nicht aus dem Sein des Menschen abgeleitet. Attribute sind nach Singer: z.B. Kommunikationsfähigkeit, Bewusstsein, Vorhandensein von Interessen, Erinnerung. Aus dem Lock'schen Personenbegriff kann folglich die Tötung von Nichtpersonen moralisch gerechtfertigt werden.

Die Lebensqualität eines Patienten lässt sich nach Kuhlse durch den Personenbegriff beurteilen. Die Lebensqualität beurteilen kann der Betroffenen immer selbst am besten. Ist er oder sie aber nicht mehr dazu in der Lage, so glaubt Kuhlse, kann diesem Menschen, sollte er bestimmte Eigenschaften die eine Person nach Lock kennzeichnen nicht aufweisen, das Personsein abgesprochen werden. In diesem Falle spricht sich Kuhlse für eine aktive Sterbehilfe aus.[15]

---

[14] Vgl. Lutterotti, Markus, Sterbehilfe: Gebot der Menschlichkeit?, Patmos Verlag GmbH & Co.KG, Düsseldorf, 2002, S.20f
[15] Vgl. Lutterotti, Markus, Sterbehilfe: Gebot der Menschlichkeit?, Patmos Verlag GmbH & Co.KG, Düsseldorf, 2002, S.22-25

6.2   Konträre Positionen

Der Drang zu mehr Freiheit, zu mehr Autonomie durchzieht sich durch die Geschichte der Menschheit. Sich den herrschenden Umständen zu entziehen, sich nicht dem Gegebenen unterzuordnen scheint ein immer Wiederkehrendes Bedürfnis zu sein.

Ikarus aus der Sage flog mit Flügeln aus Federn, welche mit Wachs aneinander befestigten waren, in die Freiheit aus dem Labyrinth des Minotaurus. Doch dann wurde er übermütig und flog zu nahe an die Sonne. Was dann geschah ist bekannt. Zugegeben, dieses Beispiel erscheint aufgrund der gegebenen Thematik etwas befremdlich, doch gibt Peter Radtke damit eine anschauliche Einführung in seinen zum Nachdenken anregenden Aufsatz zur Selbstbestimmung und Autonomie von Sterbenden.

Peter Radtke fragt in jenem Aufsatz was Freiheit, was Selbstbestimmung und was Autonomie eigentlich ist. Er meint, dass der Zeitraum zwischen dem ausgesprochenen, beziehungsweise dem unterzeichneten Wunsch nach Sterbehilfe und dem dann eintretenden Zeitpunkt sehr problematisch sei. Menschen die sich nicht mehr stimmlich mitteilen können, würden in der konkreten Situation, wenn sie nicht beeinflusst werden, ihrem kreatürlichen Bedürfnis nach Leben folgen und eben nicht sterben wollen. Er glaubt, dass es einen großen Unterschied macht einen Entschluss zu treffen, wenn man noch nicht in der konkreten Situation ist.

Außerdem sei der Druck der Gesellschaft auf den Einzelnen bedenklich. Die Thematik der Belastung des sozialen Netzes durch die umgekehrte Alterspyramide ist ein vielbesprochenes Thema. Der Wunsch nach Sterbehilfe hängt nach Radtke eng mit dem beigemessenen Wert einer Person zusammen. Dadurch, dass älteren Menschen aufgezeigt wird, dass sie die Gesellschaft belasten, messen sie sich selbst kaum noch Wert zu. Ältere oder auch behinderte Menschen, die nicht mehr in das aktive Leben eingebunden sind, die nicht gebraucht werden, die keine Aufgabe haben, weil niemand ihnen vermittelt gebraucht zu werden, sehen keinen Sinn mehr im Leben.[16] Es ist oft zu beobachten, dass ältere Menschen aufblühen, wenn sie von ihren Söhnen, Töchtern usw. um Hilfe gebeten werden, wenn sie eben wieder dieses Gefühl spüren einen Wert zu haben. Würden auch schwer kranke Menschen das

---

[16] Vgl. Radtke, Peter, Freiheit, Autonomie und Selbstbestimmung – Chimäre oder Realität?, in: Mettner, Matthias (Hrsg.), Wie ich sterben will, Zürich 2003, S. 21ff

Gefühl vermittelt bekommen geschätzt zu werden, einen Wert für andere zu haben, so würde vielleicht oftmals der Wunsch zu sterben gar nicht entstehen.

Die Position der Kirchen:

Die Kirchen in Deutschland lehnen einheitlich eine direkte Sterbehilfe ab. Ihnen zufolge ist direkte Sterbehilfe kein Akt der Liebe, in welchem Fall auch immer, sondern letztendlich eine Tötung von Gott gegebenen Lebens.[17] Das Leben ist von Gott gegeben und auf ihn verwiesen und schließt damit eine Beendigung durch den Menschen selbst aus. Befürworter der Euthanasie berufen sich wie beschrieben auf das Recht der Selbstbestimmung und die Gewissensfreiheit, um den Tod auf Verlangen zu legalisieren. Die Kirchen entgegnen, dass auch das Gewissen an eine Werteordnung gebunden sei.[18] Das Recht auf Selbstbestimmung beinhaltet nicht nur, dass das Leben eines Menschen vor dem Willen anderer geschützt ist, sondern schließt auch die eigene Entscheidung sterben zu wollen aus, eben weil Leben von Gott gegeben ist.[19] Das Leben bleibt für den Menschen unverfügbar, es entzieht sich dem Entscheidungsbereich des Menschen. Was er selbst nicht geschaffen hat, das darf er auch nicht selbst beenden. Die absichtliche Tötung eines unheilbar Kranken ist außerdem nicht mit dem 5. Gebot vereinbar. Darüber hinaus entspricht sie nicht den Grundsätzen der Rechtsordnung. Die Kirche befürchtet, dass eine staatlich legitimierte Euthanasie einen Prozess in Gang setzen könnte, dessen Ausmaß unbekannt ist. Wird zunächst den unheilbar Kranken und unter starken Schmerzen Leidenden der Wunsch auf aktive Tötung gewährt, könnte dieses Verfahren schon bald auf einen Zustand der gefühlsmäßigen Hoffnungslosigkeit ausgeweitet werden. Dann wird für solch einen Patienten, der zwar nicht nachweislich unheilbar krank ist, aber meint mit seinem Leiden nicht weiter leben zu können, ein Entschuss möglich, den er nicht wieder umkehren kann. Außerdem stellt die aktive Sterbehilfe eine unzumutbare Belastung für das medizinische Personal dar. Das Vertrauensverhältnis zwischen Arzt und Patient würde sich stark verändern. Schließlich wäre der Arzt nunmehr nicht ausschließlich für die Erhaltung des Lebens seines Patienten verantwortlich. Wahrscheinlich würde eine staatlich anerkannte Euthanasie, auch

---

[17] Vgl. Das Lebensrecht des Menschen und die Euthanasie, in: Sterbebegleitung statt aktiver Sterbehilfe. Eine Textsammlung kirchlicher Erklärungen, S. 1

[18] Vgl.. Das Lebensrecht des Menschen und die Euthanasie, in: Sterbebegleitung statt aktiver Sterbehilfe. Eine Textsammlung kirchlicher Erklärungen, S. 3

[19] Vgl. Gott ist ein Freund des Lebens. Herausforderungen und Aufgaben beim Schutz des Lebens, in: Sterbebegleitung statt aktiver Sterbehilfe. Eine Textsammlung kirchlicher Erklärungen, S. 2

den Weg zum Selbstmord gesunder Menschen mit persönlichen Problemen vereinfachen, da sich Menschen an den in der Gesellschaft geltenden Wertmaßstäben und Einstellungen orientieren.[20] Aus diesen Gründen gilt für die Kirchen die Maxime, dass die Würde eines schwer kranken Menschen, die in seiner Gottesebenbildlichkeit begründet ist, gewahrt werden muss. Die Würde des Menschen wird zum Maßstab für alle Entscheidungen die einen Patienten betreffen.[21] Die Orientierung an der Würde bedeutet im Konkreten, dass einem Sterbenden intensivste Zuwendung und bestmögliche medizinische Behandlung und Pflege zukommen muss. Dadurch soll dem Patienten geholfen werden sein körperliches Leiden (z.B. durch ausreichend Schmerzmittel) zu ertragen, und seinen sich nähernden Tod annehmen zu können. Das Recht auf solcherart Behandlung muss jedem Patienten zuteil werden, auch sogenannten hoffnungslosen Fällen darf keine Behandlung und Zuwendung abgesprochen werden. Zu der Beachtung der Würde gehört allerdings auch, dass einem Patienten, der den Wunsch zu sterben äußert und deshalb weitere medizinische Maßnahmen ablehnt, Folge geleistet wird. Bei nicht äußerungsfähigen Patienten soll der behandelnde Arzt zum individuellen Wohl des Patienten handeln. Also in Beachtung der Würde des Patienten entscheiden. Im Einzelfall kann dies natürlich bedeuten, dass auf medizinische Eingriffe, die nicht das Leben sondern das Sterben verlängern würde, verzichtet wird.[22] Dadurch wird natürlich in keinster Weise eine aktive Tötung legitimiert.

Oft sei der Wunsch eines Patienten auf Tötung, nach Meinung der Kirchen, nur ein Hilfeschrei. Würden diese Patienten alle erdenkliche Zuwendung in medizinischer und pflegerischer Hinsicht erhalten, dann würden sie sich trotz ihrer hilflosen Situation, selbst mehr Wert beimessen und deshalb auch nicht sterben wollen. Die Argumentation ähnelt hier stark der Argumentation von Peter Radtke. Eine intensivere Zuwendung (medizinisch, schmerztherapeutisch, menschlich, seelsorgerisch[23]) könnte also den Wunsch getötet zu werden von vornherein unterbinden, vermuten die Kirchen weiter.[24] Das Gefühl der Abhängigkeit von

---

[20] Vgl. Das Lebensrecht des Menschen und die Euthanasie, in: Sterbebegleitung statt aktiver Sterbehilfe. Eine Textsammlung kirchlicher Erklärungen, S. 3

[21] Vgl. In Würde sterben – in Hoffnung leben, in: Sterbebegleitung statt aktiver Sterbehilfe. Eine Textsammlung kirchlicher Erklärungen, S. 1

[22] Vgl. Gott ist ein Freund des Lebens. Herausforderungen und Aufgaben beim Schutz des Lebens, in: Sterbebegleitung statt aktiver Sterbehilfe. Eine Textsammlung kirchlicher Erklärungen, S. 1

[23] Vgl. Einführung, in: Sterbebegleitung statt aktiver Sterbehilfe. Eine Textsammlung kirchlicher Erklärungen, S.2

[24] Vgl. In Würde sterben – in Hoffnung leben, in: Sterbebegleitung statt aktiver Sterbehilfe. Eine Textsammlung kirchlicher Erklärungen, S. 3

anderen, der Wertlosigkeit, führt in unserer Gesellschaft oft zur Resignation und dem Wunsch zu sterben. Die Kirchen halten dem entgegen, dass zum Menschsein von Anfang an das Angewiesensein auf andere Menschen gehört und deshalb das Leben eines jeden Individuums trotzdem wertvoll bleibt.[25]

Der obigen Argumentation entsprechend, sehen die Kirchen die Hospizbewegung und die Palliativ-Medizin mit großem Wohlwollen. Anzufügen wäre noch, dass die Kirchen das Sterben eines Menschen als dessen letzte Aufgabe ansehen. Diese ist für den Mensch aus Sicht der Kirchen von großer Bedeutung, da er sich in diesen Tagen mit Fragen, wie beispielsweise über das Woher und Wohin, also mit religiösen Fragen, beschäftigt. Für diese letzte Lebensaufgabe gilt es deshalb eine geeignete Atmosphäre und eventuell Schmerzlinderung durch Medikamente zu schaffen.[26]

7. Abschlussbetrachtung

Aus meiner Sicht kann es keine moralisch-ethisch unanfechtbare Position zur Sterbehilfe geben, auch wenn ich persönlich dazu geneigt bin, die kirchliche Position zu befürworten. Jeder Einzelfall wirft die gleichen Fragen und Probleme auf, die ich in meinen Ausführungen nur kurz anreißen konnte und doch ist jeder Fall anders. Aus diesem Grund ist es aus meiner Sicht kaum möglich eine gerechte, allgemein gültige Regel festzulegen.

Für und gegen jede Position gibt es begründete, nachvollziehbare Argumente; aber letztendlich ist die wesentlichste Frage nicht zweifelsfrei zu beantworten: wann wird Leben - und aus wessen Sichtwinkel betrachtet - unerträglich, wann ist das Leid so unermesslich, dass es eine Beendigung des Lebens erzwingt? Außerhalb jeder Legitimationsdebatte steht für mich die Sterbebegleitung, wie sie die Möglichkeiten der Palliativmedizin bietet, auch wenn diese sicher noch ausgebaut, d.h. viel intensiver erforscht, entwickelt und vorangetrieben werden muss.

---

[25] Vgl. In Würde sterben – in Hoffnung leben, in: Sterbebegleitung statt aktiver Sterbehilfe. Eine Textsammlung kirchlicher Erklärungen, S. 2

[26] Vgl. Das Lebensrecht des Menschen und die Euthanasie, in: Sterbebegleitung statt aktiver Sterbehilfe. Eine Textsammlung kirchlicher Erklärungen, S. 2

8. Literaturverzeichnis

➢ A. Frewer/ R. Winau (Hgg.), Grundkurs Ethik in der Medizin. Ethische Kontroversen am Ende des menschlichen Lebens, Verlag Palm & Enke, Erlangen und Jena, 2002

➢ Lutterotti, Markus, Sterbehilfe: Gebot der Menschlichkeit?, Patmos Verlag GmbH & Co.KG, Düsseldorf, 2002

➢ Radtke, Peter, Freiheit, Autonomie und Selbstbestimmung – Chimäre oder Realität?, in: Mettner, Matthias (Hrsg.), Wie ich sterben will: Autonomie, Abhängigkeit und Selbstverantwortung am Lebensende, Zürich 2003

➢ Thela Wernstedt/ Dietrich Kettler, Sterbehilfe in Europa: Begriffe, Richtlinien und Rechtsprechung im Vergleich, in: A. Frewer/ R. Winau (Hgg.), Grundkurs Ethik in der Medizin. Ethische Kontroversen am Ende des menschlichen Lebens, Verlag Palm & Enke, Erlangen und Jena, 2002

➢ Zimmermann – Acklin, Markus, Menschenwürdig sterben? Theologisch – ethische Überlegungen zur Sterbehilfsdiskussion, in: Martin, Ebner/ Irmtraud Fischer (Hgg.), Jahrbuch für biblische Theologie. Leben trotz Tod, Neuenkirchener Verlag, Band 19, 2004

Online-Quellen:

➢ Das Lebensrecht des Menschen und die Euthanasie, in: Sterbebegleitung statt aktiver Sterbehilfe. Eine Textsammlung kirchlicher Erklärungen, Zugriff am 19.10.07 unter: http://www.ekd.de/EKD-Texte/sterbebegleitung_sterbehilfe_3.html

➢ Deutsche Hospiz Stiftung, Rechtslage zur Sterbehilfe in Europa, Zugriff am 17.06.07 unter: http://www.hospize.de/ftp/tabelle_sterbehilfe.pdf, April,.2003

➢ Einführung, in: Sterbebegleitung statt aktiver Sterbehilfe. Eine Textsammlung kirchlicher Erklärungen, Zugriff am 19.10.07 unter: http://www.ekd.de/EKD-Texte/sterbebegleitung_sterbehilfe_1.html

➢ Gott ist ein Freund des Lebens. Herausforderungen und Aufgaben beim Schutz des Lebens, in: Sterbebegleitung statt aktiver Sterbehilfe. Eine Textsammlung kirchlicher Erklärungen, Zugriff am 19.10.07 unter: http://www.ekd.de/EKD-Texte/sterbebegleitung_sterbehilfe_4.html

➢ In Würde sterben – in Hoffnung leben, in: Sterbebegleitung statt aktiver Sterbehilfe. Eine Textsammlung kirchlicher Erklärungen, Zugriff am 19.10.07 unter: http://www.ekd.de/EKD-Texte/sterbebegleitung_sterbehilfe_10.html

➤ Menschenwürdiges Sterben, Bedeutsame Fälle zur aktiven Sterbehilfe in Deutschland seit 1980, Zugriff am 17.06.07 unter http://www.schule-bw.de/schularten/berufliche_schulen/berufsschule/hls_berufe/sozialpaed/bedeutsame_faelle.html

➤ Springer Wien New York, Gesetzliche Regelungen der Sterbehilfe in den Niederlanden, Zugriff am 17.06.07 unter: http://www.springer.at/periodicals/article_issue.jsp?articleID=xxxxxxxxx129 xxxxxx239109&volumeIssueID=xxxxxxxxx102xxxxxx239108&periodicalID= 0043-5325&supplement=false, 2001

➤ Wikipedia, Seneca, Zugriff am 29.08.07 unter: http://de.wikipedia.org/wiki/Seneca, November 2006

9.   Anhang

http://www.schweiz-lebenshilfe.ch/dusollst/einpaarfaelle.htm

"Euthanisieren" in Holland - Ein paar Fälle

Abendland   30. Dez. 2002   Dr. K.F. Gunning, Rotterdam

In den Niederlanden ist die Euthanasie, die aktive Sterbehilfe durch Ärzte, am weitesten fortgeschritten und durch Gesetze geregelt. Zwar steht auf dem Papier, dass gewährleistet sein soll, dass die ausdrückliche Bitte des Patienten erkennbar ist; die wiederholte Beratung zwischen Arzt und Patient stattgefunden hat und die Konsultation eines weiteren Mediziners erfolgte. Darüber fertigt dann der Arzt, der die Euthanasie durchführt, einen Bericht an. In einem alarmierenden und kritischen Beitrag in der deutschen Mediziner-Fachschrift «Der Internist» hat in der Juli-Ausgabe der niederländische Arzt K. F. Gunning seine Erfahrungen angesichts der neuen Rechtslage beschrieben.

Wörtlich hält er fest: «Das neue Gesetz in Holland macht es möglich, dass ein Arzt straflos das Leben eines Patienten beenden kann, voraus gesetzt, er befolgt einige Richtlinien (siehe oben). Aber der zu konsultierende Arzt muss nicht notwendiger weise ein Facharzt sein oder ein Palliativ-mediziner. Der Arzt selbst füllt den geforderten Fragebogen aus und der Staatsanwalt tritt in Aktion (oder auch nicht) je nachdem, wie der vom Arzt abgefasste Bericht ausfallt. Auch nach holländischem Recht kann von niemand verlangt werden, dass er sich selbst anklagt. Der Hauptzeuge, der Patient, ist tot. Der Arzt kann also schreiben, was er will. Kurz gesagt:

Das neue Gesetz schützt den Arzt und nicht den Patienten. Der Patient, der nicht euthanasiert werden will, ist seines Lebens nicht mehr sicher.

'Noch schlimmer: Die Todesmentalität wird in Holland allmählich zur Norm in der medizinischen Praxis. Ein Internist, der eine Frau mit Lungen-krebs wegen Sauerstoffmangels in die Klinik aufnehmen wollte, musste ihr versichern, dass er sie nicht euthanasieren würde, was. sie befürchtete. Er wies sie selbst ein und nach 36 Stunden war ihre Atmung normal, ihr Gesamtzustand besser. Als der Arzt nach Hause ging, euthanasierte sie sein Kollege. Seine Rechtfertigung: «Wir brauchen das Bett für einen anderen Fall, für die Frau ist es egal, ob sie jetzt stirbt oder in vierzehn Tagen.»

In der Tat gibt es Ärzte, die sagen, wenn sie von den Erfolgen.. mit der Palliativmedizin hören: dass sie das nicht brauchten, weil sie ja die Euthanasie hätten. Als ich einem Kollegen erzählte, es waren Im Jahr 1995 in zwanzig Prozent aller Todesfalle Euthanasie angewandt worden, war seine Antwort: Es sollten hundert Prozent werden. Es gibt inzwischen Verwandte von Patienten in Holland, die von den Ärzten erwarten, dass sie die Euthanasie zu ihrer Annehmlichkeit anwenden. Da wurde zum Beispiel der Tod eines alten Mannes jeden Tag erwartet. Der Sohn sagte dem Arzt, er habe Ferien geplant und könne nicht mehr absagen. Er wolle, dass die Beerdigung noch vor seiner Abreise stattfinden solle. Der Arzt verabreichte daraufhin dem alten Mann eine seines Erachtens sehr hohe Dosis Morphium, in der Absicht, ihn zu töten. Als er zurückkam, um den Tod festzustellen, sass der Mann fröhlich auf der Bettkante. Er hatte endlich genug Morphium bekommen das seine Schmerzen linderte. Der <behandelnde> Kollege erzählte mir diese ganze Geschichte, als ob es völlig normal sei, einen Patienten zu töten, um der Familie einen Gefallen zu tun.»

Die Demokratie ist eine empfindliche Pflanze, die ständiger Aufmerksamkeit und Pflege bedarf. Das infame Beispiel der Nationalsozialisten lehrt, was geschieht, wenn die Ehrfurcht vor unseren Mitmenschen und ihrem Recht auf Leben verloren geht: Sowohl das Recht auf das noch ungeborene Leben wie auch das Recht auf Leben, wenn es seinem Ende zugeht. «Läuft am Ende alles auf den Ausverkauf des Menschen hinaus?» (Jan Ross) Ist seine Unantastbarkeit erst einmal preisgegeben und sei es mit besten Absichten oder sogar mit eigener Zustimmung, dann gibt es kein Halten mehr.

Es breitet sich aus, was Papst Johannes Paul II. die «Zivilisation des Todes» nennt und wofür er heftig angegriffen wird. Er meint ein kulturelles Klima, in dem Leben disponibel und manipulierbar wird, wo es sich ausweisen muss vor Kosten-Nutzen-Rechnungen. Seine Lebensschutzphilosophie ist eine Oase der Konsequenz in einer Wüste der Heuchelei, wo bedrohte Froschlaiche mit Mahnwachen versehen werden, während die Entwertung menschlichen Lebens weitergeht. Man kann darüber streiten, wie wahrscheinlich es ist, dass alles wirklich so schlimm kommt. Für das zusammenwachsende Europa ist zu wünschen, dass die übrigen Staaten stark genug sind, die Euthanasie zu verweigern, die, wie K. F. Gunning schreibt, in Holland «ausser Kontrolle» geraten ist.

Dr. K.F. Gunning in Rotterdam ist Präsident der World Federation of Doctors who respect Human Life, der die Europäische Ärzteaktion angeschlossen ist.

	Aktive Sterbehilfe	Indirekte Sterbehilfe	Passive Sterbehilfe
Belgien	Gesetz zur Legalisierung ist im Mai 2002 von der Kammer verabschiedet worden	keine näheren Angaben	keine näheren Angaben
Deutschland	strafbar	straffrei, das heißt erlaubt, wenn eine aktuelle Willensäußerung oder eine valide Patientenverfügung vorliegt	straffrei, das heißt erlaubt, wenn eine aktuelle Willensäußerung oder eine valide Patientenverfügung vorliegt
Frankreich	strafbar, mit Mord gleichgesetzt	wird angewandt; rechtlich unklar	wird angewandt; rechtlich unklar
Griechenland	strafbar, mit Mord gleichgesetzt	straffrei, das heißt erlaubt, wenn eine aktuelle Willensäußerung oder eine valide Patientenverfügung vorliegt	keine näheren Angaben
Großbritannien	strafbar	wird angewandt; rechtlich unklar	keine näheren Angaben
Italien	strafbar	wird angewandt; rechtlich unklar	keine näheren Angaben
Niederlande	Gesetz zur Legalisierung ist im April 2002 von der Kammer verabschiedet worden	gilt als natürlicher Tod	gilt als natürlicher Tod
Norwegen	strafbar	Zulassung wird geprüft	wird angewandt; rechtlich unklar
Österreich	strafbar	straffrei	straffrei, das heißt erlaubt, wenn eine aktuelle Willensäußerung oder eine valide Patientenverfügung vorliegt
Schweden	strafbar	wird angewandt; rechtlich unklar	erlaubt, wird als ethisch gerechtfertigt angesehen
Schweiz	strafbar	erlaubt, nicht ausdrücklich geregelt, in Ausnahmefällen praktiziert	erlaubt, nicht ausdrücklich geregelt, wird praktiziert